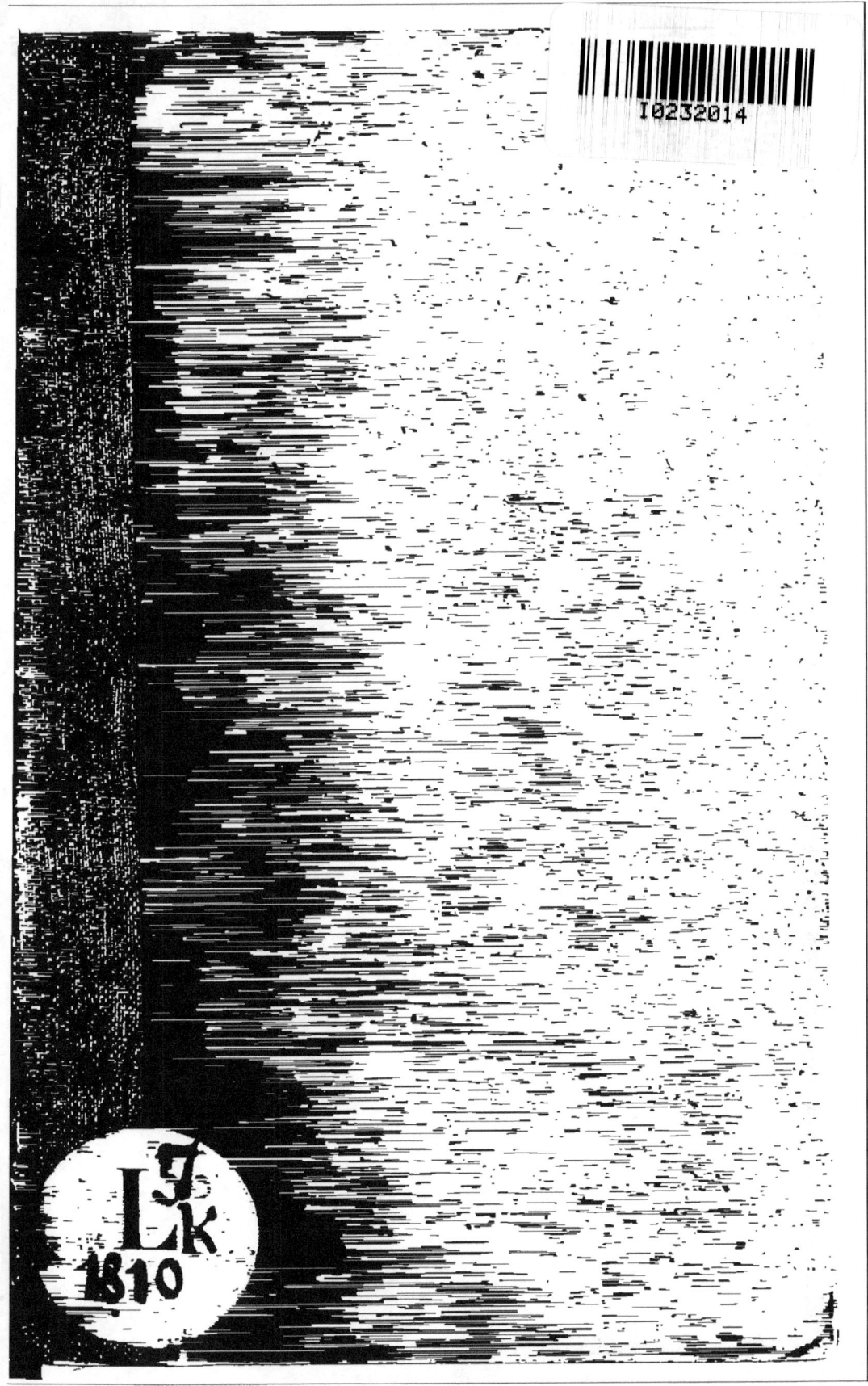

Lk 7 1810

PROMENADES

A

CHAMOUNI.

PARIS. — IMPRIMERIE ET FONDERIE DE FAIN,
RUE RACINE, N°. 4, PLACE DE L'ODÉON.

PROMENADES

A

CHAMOUNI,

Par EBEL, LUTZ, etc.

A PARIS,

Chez AUDIN, quai des Augustins, N°. 25.

GENÈVE,
Chez BRICQUET et DUBOIS, DESROGIS, CHERBULLIEZ, etc.

SERVOZ, | **CHAMOUNI**,
Chez Michel DESCHAMPS. | Hôtels de la Tour, de la Couronne, de Londres, etc.

1833.

PROMENADES A CHAMOUNI.

DIRECTIONS POUR LES VOYAGEURS. Les voyageurs, principalement ceux qui veulent aller en Piémont, feront bien de se munir de passeports en règles. Ces passeports, s'ils sont délivrés par une autorité étrangère, doivent être visés par un ministre ou consul sarde.

Chars de St.-Martin, Sallenches et St.-Gervais à Chamouni. Le gouvernement a soumis les conducteurs des chars-à-banc qui doivent transporter les voyageurs de St.-Martin ou Sallenches au Prieuré de Chamouni à une surveillance et à un règlement particulier (1).

Course de St.-Martin ou Sallenches à Chamouni, 14 francs de France pour un char à 3 places et à 2 chevaux ; à cheval ou à mulet, 8 francs par bête ; les retours, 4 francs par place ; si on retient les conducteurs, on leur paye 8 francs par jour d'arrêt.

Guides de la vallée de Chamouni.

TRONCHET (Anselme).
PACCARD (Michel-Joseph)
PACCARD (Joseph).
CARRIER (Michel).
BALMAT (Jean-Michel).
PAYOT (Pierre-Joseph).
COUTTET (Jean-Marie).
CHABLET (Louis-Joseph).
DEPLAND (François.)
DEVUASSOUS (Alexis).

FAVRET (Michel).
MESSAT (Jean-Baptiste).
CUPELLIN (Eugène).
DEVUASSOUS (Simon).
TOURNIER (Simon).
SIMOND (Pierre-Joseph).
FOLIGUET (David).
CACHAT (Jean-Michel) fils.
COUTTET (Pierre-Marie).

---

(1) Les voyageurs peuvent cependant se faire conduire par leurs propres chevaux.

RÈGLEMENT. Les guides de la vallée de Chamouni sont soumis depuis l'année 1823 à un règlement qui oblige les voyageurs à se servir des guides qui leur sont désignés par le guide-chef.

«Il y a deux espèces de courses; les courses extraordinaires, et les courses ordinaires.

La première espèce comprend celles,

1°. Sur la cime du Mont-Blanc;

2°. Au Jardin;

3°. Sur les glaciers (excepté ceux qui descendent dans la vallée de Chamouni), et également sur ces derniers, si le voyageur veut dépasser la ligne où cesse la végétation;

4°. Sur les glaciers de Buet.

La seconde espèce comprend toutes les autres courses dans les autres endroits dont il n'est pas fait mention dans les quatre numéros ci-dessus.

Le prix des guides pour l'ascension au Mont-Blanc est fixé à quarante livres neuves pour chaque guide, et il ne pourra y avoir moins de quatre guides pour chacun des voyageurs qui voudront l'entreprendre, quel que soit leur nombre.

Le prix des guides pour les autres courses de la première espèce sera de dix livres par jour.

Un guide seul ne suffira jamais pour accompagner un voyageur quoique seul; il devra y avoir toujours deux guides au moins pour les courses ci-dessus; et le nombre des guides sera toujours égal à celui des voyageurs, si ceux-ci sont plus de deux.

Le prix des guides pour les courses ordinaires est fixé à raison de sept livres par jour pour chaque guide.

Pour ces courses, un seul guide pourra suffire.

L'obligation sur le nombre des guides que les voyageurs doivent avoir ne peut être considérée comme imposée aux voyageurs, puisqu'ils peuvent toujours aller seuls, s'ils le jugent convenable. »

CABINETS D'HISTOIRE NATURELLE. — *A Servoz.* — JOSEPH-MARIE DESCHAMPS. Collection des minéraux qui se trouvent à Pormenaz, Vaudagne et dans les environs de Servoz.

Au Prieuré. — MARIE CARRIER, MICHEL CARRIER, JOSEPH COUTET, JOSEPH TERRAZ, etc., peuvent fournir aux voyageurs une collection des minéraux, des plantes, des insectes et d'une partie des animaux qui se trouvent dans les environs du Mont-Blanc.

RELIEFS. — *Au Prieuré.* — Les voyageurs ne quitteront point le Prieuré sans examiner les reliefs en bois que fait Étienne-Joseph CARRIER. Ils pourront revoir là d'un coup d'œil tous les lieux qu'ils ont visités, et prendre une idée très-juste de la position des diverses vallées situées autour du Mont-Blanc.

De Genève à Bonneville, 4 h. 45 m.

Chesne,	30 m.	Contamine,	45 m.
Pont de Menoge,	1 h. 35 m.	Bonneville,	1 h. 20 m.
Nangi,	35 m.		

Belle route, partout praticable en voiture.

ROUTE. — La route se dirige au S.-E. droit au Mont-Blanc. *Chesne* est un beau et grand village, appartenant au canton de Genève. Un ruisseau qui coule à l'extrémité sépare la Savoie du territoire de la république. *Contamine* est situé entre l'Arve et une colline appuyée contre le pied du Môle. La route depuis ce village jusqu'à *Bonneville* passe entre l'Arve, qui est à droite, et les rochers escarpés des bases du Môle, qui sont à gauche.

La route nous présente sur la droite le *Salève* et les

montagnes calcaires qui vont joindre le *Brezon*; sur la gauche, les *Voirons* et les montagnes qui s'étendent jusqu'à *Taninge*.

ASPECTS ET POINTS DE VUE. — La vue des montagnes offre des aspects variés et fort intéressans sur cette route; mais si le temps est serein, j'invite le voyageur à considérer celui qui se présente en face de lui, avant de descendre au pont de la *Menoge*.

Trois montagnes principales occupent le devant du tableau. Le *Môle* au milieu, à droite le *Brezon*; à gauche, et sur un plan un peu plus reculé, on voit s'élever au-dessus de *Taninge* la haute pointe de *Marcheli*.

HAUTEURS. — *Bonneville*, 227 toises au-dessus de la mer.

Le *Môle*, 948
Les *Voirons*, 706.

CHATEAUX. — On découvre sur un monticule appartenant au petit *Salève* les châteaux de *Mornex* et d'*Escry*.

La *Bonneville* n'était dans le treizième siècle qu'un simple château, autour duquel se trouvaient quelques habitations, qui sont nommées, dans les anciennes chartes, bourg du Château. Béatrix, dame de Faucigny, donna à ce bourg des priviléges et des franchises, l'an 1289, et voulut qu'il s'appelât Bonneville.

A quelque distance de Contamine, on passe sous les ruines du château de Faucigny.

De Bonneville à Cluse, 3 h.

1re. ROUTE PAR SIONGI.

| Vaugi, | 1 h. 30 m. | Cluse, | 20 m. |
| Siongi, | 1 h. 10 m. | | |

Au sortir de *Bonneville* on traverse un pont sur l'Arve, en se dirigeant droit contre le *Brezon*. A l'extrémité du pont est une colonne surmontée de la statue de Charles Félix, érigée en mémoire des digues entreprises pour contenir l'Arve. Sur la face du piédestal qui regarde la rivière est un bas-relief où l'Arve est représenté enchaîné ; on lit :

ARVAM
Agros effuse vastantem
REX CAROLUS FELIX
Descripto alveo, oppositis aggeribus
COËRCUIT
Anno MDCCCXXIV
Optimo et Providentissimo Principi
Focunates.

On tourne à l'E., et c'est la direction que l'on suit jusqu'à *Cluse* ; l'Arve coule sur la gauche.

Le premier hameau que l'on trouve est situé sur le penchant de la montagne ; il est entouré de prairies et caché dans les arbres : comme il est sur la hauteur, on y jouit de la vue de la vallée.

Siongi, situé dans la plaine, est un grand village, où les chartreux du Reposoir avaient une grande maison. Avant d'arriver à Cluse, et à la porte de cette ville, on repasse l'Arve sur un pont d'une seule arche. La vallée de *Bonneville*, étroite à son entrée, entre le *Môle* et le *Brezon*, devient fort large ensuite et se resserre si fort à Cluse, que les chaînes opposées paraissent se toucher. L'Arve et la petite ville de Cluse occupent le seul espace qu'elles laissent entre elles. Cluse n'a presque qu'une rue.

COMMERCE. — Horlogerie.
POPULATION — 2,280 h.
HÔTELS. — La *Parfaite Union*, l'*Écu de France*.
ASPECT ET POINT DE VUE. — Ceux qui ne sont pas accoutumés aux vues des Alpes, et dont l'âme est faite pour sentir les beautés de la nature, seront vivement frappés du magnifique tableau qui s'offrira à leurs regards, s'ils partent de *Bonneville* avant le lever du soleil.

Cluse. Son pont et le château de *Mussel*, situé sur une colline élevée, forment un paysage bien pittoresque.

HAUTEURS. — *Cluse* 251 t. au-dessus de la mer.
Le Brezon, 943 t.

De Bonneville à Cluse, 3 h. 50 m.

2e. ROUTE PAR LE BREZON.

Au village de Thié,	0 h. 50 m.	Aux granges de Solaison,	1 h. 0 m.
Au Brezon,	1 30	Au sommet,	0 30

La route que nous venons de décrire pour aller à *Cluse* est la seule praticable en voiture, mais elle n'est peut-être pas la plus intéressante ni la plus variée, et les personnes qui voyageront à pied ou à mulet, et qui n'étant pas pressées d'arriver à *Sallenches* pourront coucher le premier jour à *Cluse*, devront, en passant, visiter le *Brezon* et le *Saxonet*, les deux premières montagnes que l'on trouve sur la droite en entrant dans la vallée de Cluse.

Dans ce cas, on sort de la Bonneville par le pont

de pierre sur l'Arve, et on suit pendant près d'une heure le grand chemin rectiligne dont nous avons parlé, mais au bout de ce temps on se détourne à droite et on arrive au village de *Thié*, situé au bas de la montée du Brezon. Presque tous les habitans de ce village ont des goîtres comme les Valaisans.

C'est dans ce village que l'on commence à monter le Brezon par un chemin partout praticable à mulet, et dans quelques endroits très-pittoresques. Un peu au-dessus des premiers chalets, on pourra observer sur la gauche d'un petit torrent, formé par ces eaux qui s'écoulent du Brezon au village de Thié, des couches extrêmement contournées. Un peu plus loin on passe par une espèce de gorge surmontée par de grands bancs de rochers, et on entre alors dans une petite vallée étroite et tortueuse, dont les angles saillans, engrenés dans les angles rentrans, y sont extrêmement sensibles. Cette vallée conduit au village du *Brezon* qui est situé derrière la montagne de ce nom (1).

Au-dessus de ce village sont de grands et beaux pâturages, avec des chalets qui ne sont habités qu'en été et que l'on nomme les *granges de Solaison*.

Depuis les granges de *Solaison* il reste encore à faire une montée assez rapide avant que de parvenir au sommet du Brezon; à droite, le sommet est taillé à pic du côté de Bonneville et à une très-grande hauteur, de manière à former un précipice effroyable qu'on ne peut se hasarder de contempler qu'en suivant la méthode de de Saussure qui consiste à se

---

(1) On trouvera dans ce village de très-bons guides, les frères Moineloc (Claude-Marie, Thimotée et Joseph). Ils connaissent parfaitement bien le Brezon, le Saxonnet, le Reposoir et le Vergi ; ils apportent toutes les semaines à Genève, pendant la belle saison, un grand nombre de plantes alpines.

coucher à plat ventre et à avancer sa tête jusqu'à ce qu'elle dépasse assez le bord du précipice pour pouvoir l'observer sans danger. On est bien dédommagé, lorsqu'on arrive sur cette sommité, de ce qu'il en a coûté de peine pour l'atteindre. La vue y est ravissante.

Du village du Brezon on va à celui de *Saxonet* en suivant une petite plaine bien cultivée. Du village de Saxonet on peut descendre immédiatement à Siongi, ou bien on peut prendre un sentier plus doux, mais un peu plus long, parce qu'il revient du côté de Bonneville ; on rejoint alors la grande route à trois quarts de lieue en deçà de Siongi. On trouve, en descendant par ce sentier, des huîtres pétrifiées dans un roc calcaire puant.

Le Brezon est une montagne très-riche pour l'histoire naturelle. PICTET.

HAUTEUR. — Le *Brezon*, 943 toises.

De Cluse à Sallenches, Saint-Martin, environ 3 h. 1/4.

De Cluse à Maglan,	1 h. 30 m.	Saint-Martin,	30 m.
Le nant d'Arpenas,	1 h.	Sallenches,	15 m.
		De Sallenches à St-Gervais,	2 h.

ASPECT ET POINT DE VUE. — Cette vallée étroite, tortueuse et bordée de hautes montagnes, dont les couches sont inclinées en divers sens et dégradées en plusieurs endroits, doit présenter des aspects infiniment variés et sauvages : mais comme le dit M. de Saussure, « elle n'offre pas seulement des tableaux » du genre terrible ; on en voit d'infiniment doux et » agréables ; de belles fontaines, des cascades, de

» petits réduits, situés aux pied de quelque roc es-
» carpé, ou au bord de la rivière, tapissés d'une belle
» verdure et ombragés par de beaux arbres. »

MONTAGNES. — La nature des montagnes qui bordent la vallée est calcaire. Il en est peu qui présentent plus souvent, et d'une manière plus marquée, ce phénomène des couches inclinées, perpendiculaires, contournées, concentriques et fléchies en divers sens.

CAVERNE DE BALME. — La caverne de *Balme* se présente à une petite lieue de Cluse; pour y aller, il faut monter au village de *Balme*. Cette caverne, dont l'ouverture a 10 pieds de haut, sur 20 de large, pénètre à une profondeur de 640 pas; sa hauteur varie : à 340 pas de son entrée on trouve un puits très-profond; si on y fait éclater une grenade, elle produit un effet prodigieux (1).

A un quart de la caverne source d'eau vive, qui sort de terre auprès du chemin, et forme une petite rivière qui va se jeter dans l'Arve. M. de Saussure croit que c'est l'écoulement du *lac de Flaine* qui est situé au-dessus.

On arrive aux délicieux bosquets de *Maglan* qu'il faut visiter long-temps, avec soin. A un quart de lieue des belles sources, Maglan, joli village, dont les habitans sont presque tous aisés.

BEAUX ÉCHOS. — Un peu au delà de Maglan les guides qui conduisent les voyageurs aux glaciers leur font tirer des grenades pour entendre des échos d'une très-grande beauté.

NANT D'ARPENAS. — Le *Nant d'Arpenas*, à une lieue de Maglan, est une belle cascade de 800 pieds; lorsqu'il a plu dans les montagnes supérieures, elle

_____
(1) On se procure des guides pour monter à la grotte : *convenir du prix pour se faire conduire, du prix pour faire tirer les grenades, canons*, etc.

est fort abondante et produit un très-bel effet.

Avant d'arriver à St.-Martin, on voit les premières ardoises ; elles sont mêlées de marbre noir, et forment un monticule à gauche du chemin.

St.-Martin est un petit village où on peut loger à l'hôtel du Mont-Blanc.

On traverse un pont de pierre sur l'Arve, et on arrive dans un quart d'heure à Sallenches.

Hauteurs.—*Caverne de Balme*, 700 pieds sur l'Arve.

Le *haut de Veron*, 1172 toises au-dessus de la mer.

Sallenches. — Petite ville de Savoie, située sur le grand chemin de Genève à Chamouni ; l'on trouve deux auberges principales : celle de Bellevue, tenue par M. Lafin : c'est des galeries qu'on jouit le mieux de l'aspect du Mont-Blanc, magnifique panorama; ou à Saint-Martin, celle de M. Turbilliod ; mais comme l'on doit s'adresser à Sallenches pour se procurer des chars ou bidets pour Chamouni, d'après un règlement de police, rendu par M. le commandant de la province, au profit, très-bien senti, des voyageurs, et que depuis les ponts construits en pierre près des bains de Saint-Gervais, et celui en bois sur l'Arve, vis-a-vis la cascade de Chède, l'on suit plus volontiers la route sur la gauche de l'Arve, c'est l'auberge de Sallenches que les voyageurs fréquentent le plus. Sallenches est à 540 pieds au-dessus du lac de Genève, et 1,674 pieds au-dessus de la mer. La haute aiguille calcaire de *Warens*, située de l'autre côté de l'Arve, vis-à-vis de la ville, s'élève à 7,200 pieds au-dessus de la mer. A un quart de lieue de Sallenches, on voit deux gorges; de chacune débouche un torrent ; les deux portent le même nom que la ville. Dans l'une et l'autre la nature offre des scènes également affreuses et pittoresques. Du haut du mont Rosset, au-dessus de l'auberge de Bellevue, on distingue avec beaucoup de netteté toutes les formes du dôme du Gouté. Le bassin de Sallenches est très-agréable et très-animé. C'est au fond-côté du Bonhomme, et sous la naissance des collines couronnées du Mont-Blanc, qu'on a découvert des sources thermales et minérales, dont la température est de 31 à 33 degrés Réaumur. Elles sont maintenant connues sous le nom des bains de Saint-Gervais, distans d'une lieue de la ville. Les étrangers y vont voir l'établissement et le monde qui s'y rencontre. Il y a derrière les bâtimens une cascade très-curieuse : on la visite pendant qu'on se fait préparer à déjeuner ou à dîner.

Saint-Gervais (les Bains de), en Savoie, au pied du Mont-Blanc, au niveau de Sallenches, sur la route de Chamouni, où l'on va en 4 heures, en rejoignant la cascade et le lac de Chède, Servoz et les Houches; ou bien en 5 heures par le Prarion et le pavillon de Bellevue, par des sentiers qu'il faut faire à pied ou à bidet, tandis qu'en suivant la route de Chède on peut aller en char. Ces bains sont à une lieue de Sallenches, à 11 de Genève, à 13 de Martigny, en passant par Chamouni, et à 14 de Cormayeur, Val-d'Aoste, passant par le Nant-Borrant, le col du Bonhomme, celui de la Seigne, etc. On peut faire les 4 premières en char.

C'est au fond d'un petit vallon débouchant au nord dans le bassin de Sallenches que furent découvertes, en 1806, des sources thermales, par le propriétaire du sol, M. Goutard. Ce vallon est fermé au levant, midi et couchant, par des rocs élevés seulement de cent toises, coupés à pic; c'est du sommet de ces rochers que roule avec fracas un torrent d'eau glaciale, son volume est assez considérable pour avoir déchiré ces mêmes rochers : là est une cascade, la plus remarquable en bizarreries pittoresques. C'est pour jouir de son spectacle incomparable, qu'on a jeté sur le torrent, appelé le Bonnant, un pont en *zigzag* derrière les bains, après avoir traversé l'établissement.

Les bains de Saint-Gervais, qui ne sont pas à une plus grande distance de Genève que Lausanne, sont de plus placés à l'extrémité de la route praticable aux berlines. On a ainsi deux heures de moins à faire par les chars du pays pour atteindre Chamouni.

CURIOSITÉS. — Le bâtiment fixe d'abord l'attention du voyageur par sa structure élégante et simple et par sa position pittoresque au fond du vallon. 1° La cascade, derrière les bâtimens ; c'est le torrent lui-même qui se précipite du haut des rochers et forme une des plus belles chutes d'eau de ces contrées alpines. De onze heures à trois heures après-midi les rayons du soleil, venant à frapper l'eau réduite en vapeurs par la force de la chute, donnent lieu à de nombreuses iris qui font un effet admirable. 2° Les diverses constructions, soit pour élever l'eau hors de la voûte souterraine, soit pour l'administration des bains. Il y a des logemens pour plus de cent malades, des salles de réunion, de danse, de billard, une vaste salle à manger, où l'on a joué la comédie. 3° La carrière du jaspe sanguin, à quelques minutes des bains.

PROMENADES. — Outre les promenades ombragées dans la plaine des Bains, aux Fayets, à Sallenches, par le pont de pierres sur le Bonnant, et à Chède, par le pont de bois sur l'Arve (c'est la route actuelle pour se rendre à Chamouni), on a, en gravissant la montagne par diverses rampes plus ou moins faciles, les promenades suivantes : 1° au chef-lieu de Saint-Gervais, à 20 minutes des Bains ; 2° aux pyramides des Fées ; 3° au village des Plagnes ; 4° à Saint-Nicolas, d'où l'on a vis-à-vis les glaciers de Bionnassaix, du Miage, de la Frasse, de Trélatète, encore peu fréquentés, mais qui méritent bien de l'être; l'on a la vue aussi de l'aiguille et du dôme du Gouté (ces promenades peuvent être faites dans un après-midi); 5° au mont Prarion, au pavillon de Bellevue, d'où l'on voit la vallée de Chamouni du même coup d'œil. Le Prarion et ce pavillon sont plus agréables que le Col de Balme, en ce qu'on a en face tous les glaciers. Ceux qui vont de Sallenches à Chamouni, à pied ou à bidet, utilisent mieux leur journée, en ayant une à donner à ce trajet, parce qu'on ne fait pas la course du Montanvert, ou de la mer de glace, le même jour qu'on arrive de Sallenches. 6° au Mont-Joly. C'est le mont isolé qu'on a en perspective depuis Maglan à Sallenches. Sa hauteur est de 1,368 toises. On va des bains à la cime en 5 h. Plusieurs dames en ont fait l'ascension. On fait plus de 4 h. à cheval. On découvre de là toute la chaîne du Mont-Blanc, du nord au sud, les plaines de Montmeillan sur la route de Grenoble, le mont Jura, le bassin de Mégève. C'est un très-beau *panorama*. 7° Au Nant-Borrant. 8° Aux glaciers de Trélatête, du Miage, etc.

GUIDES. — Une différence à faire entre les guides qu'on prend à Chamouni et ceux qu'on trouve aux bains, c'est que ceux-là jouisssent d'un privilége exclusif qu'une loi spéciale leur réserve dans la vallée d'Arve, qui comprend tous les glaciers et montagnes inclus entre le Valais et la vallée du Bonhomme, depuis le col du Bonhomme jusqu'au bassin de Sallenches.

VOITURES. — Outre la diligence en berline bien suspendue qui descend à Genève trois fois la semaine, on peut se procurer des chars à volonté.

La route de Saint-Gervais à Genève est aussi desservie par des chevaux de poste, dont les stations sont à Bonneville et à Sallenches. On trouve mainte-

2*

nant aux bains des calèches et autres voitures bien suspendues pour Genève, Aix-les-Bains, et autres villes ou pays. *Dépenses :* le prix de la pension à ces bains, compris logement et nourriture, est de sept francs de France par jour pour les malades, sauf légère augmentation ou diminution à raison du choix des chambres par l'étranger, ou par la désignation des maîtres : ce prix est pour la première table ; il est de 3, 4 ou 5 francs aux autres tables ; il n'y a d'autres frais en sus que l'honoraire du médecin et l'étrenne aux domestiques utilisés ; les passagers y sont par repas et logement à part. Le prix d'un char à deux chevaux et à trois places pour aller à Chamouni, ou à N.-D.-de-la-Gorge, à 1/2 h. du Haut-Borant, est dix francs, soit 4 francs de moins que depuis Sallenches. En cas de retour, le prix est de 3 francs par personne ; en proportion, le service à bidet ou à âne. La journée du guide est de 4 francs ou 5 fr. suivant sa capacité.

De Saint-Martin à Servoz, 3 h.

Passy,	45 m.	Nant noir,	15 m.
Chède,	1 h.	Servoz,	30 m.
Lac de Chède.	20 m.	Au Bouchet,	10 m.

Route. — On entre au sortir de Saint-Martin dans une route rectiligne dirigée au sud qui suit le fond de la vallée jusqu'à Chède ; elle est souvent détruite par les débordemens de l'Arve.

Passy, que l'on laisse sur la gauche, est un beau et grand village; on n'en voit que le clocher, qui sort du milieu des arbres.

Chède est un hameau situé au pied de la montée de ce nom, non loin de l'Arve ; on dirige depuis là sa marche à l'Est, et l'on gravit une vallée étroite et sauvage, qui conduit à *Servoz* : la route traverse les lits de plusieurs torrens et des forêts de sapin et de hêtre.

Servos et le *Bouchet* se trouvent chacun à une des extrémités d'une petite plaine qui les sépare.

Aspects et points de vues. — Plus on pénètre dans ces vallées, plus les contrastes sublimes que présentent les masses colossales qui entourent le voyageur, l'intéressent et le frappent.

Lac de Chède. — Mille beautés de détails se présentent sur cette route ; mais c'est le lac de Chède qui attire principalement l'attention des voyageurs.

Nants. — On traverse plusieurs nants ou torrens qui descendent des montagnes ; ils grossissent quelquefois avec une telle rapidité, en entraînant une bace noire provenant des débris des ardoises décomposées, qu'on court souvent risque de périr avant de pouvoir les éviter.

Nant noir. — Après le lac de Chède et au-dessus de l'éboulement, on traverse le *Nant noir*, qui creuse une ravine profonde, et dont le passage est quelquefois très-difficile. On traverse ensuite une forêt dont le fond est tuf jaunâtre.

Hauteurs. — L'aiguille de Varena a 1,388 toises sur la mer.

Archéologie. — Le portail de l'église de *Passy* offre un monument qui peut intéresser la curiosité des antiquaires. Ce sont deux *ex-voto*, qui sont gravés sur le marbre, et qu'on a trouvés en bâtissant l'église.

N°. 1.

MARTI
AYSVGIVS AF
VOLTVATVRVS
FLAMEN AVGy
II. VIR AERARI
EX VOTO.

C'est un prêtre qui, chargé de l'intendance du trésor, rend grâce au dieu Mars.

N°. 2.

MARTI AVG
PRO SALVTE
IΔVIBI. Ly FIL
FLAVIIVI
LUIBIVS VESTINVS
PATER
II. VIR. IVR. DIC
III VIR. LOC. PP
EX VOTO.

C'est un ancien gouverneur qui rend grâce au dieu Mars de ce qu'il a sauvé son fils d'un grand danger.

De Servoz au prieuré de Chamouni, 3 h.

1re. ROUTE.

Du Bouchet à l'établissement des Mines, 10 m.	Aux Ouches, 10 m.
Pont Pelissier, 25 m.	Pont de Perolata, 1 h.
Nant de Nayin, 45 m.	Chamouni, 30 m.

De Servoz au Prieuré, 3 h. 30 m.

2e. ROUTE.

Foully, 1 h. 30 m.	Prieuré, 30 m.
Pont de Perolata, 1 h. 30 m.	

ROUTE. — On traverse le torrent de *Dieza* sur un pont de bois, près duquel s'élève le monument élevé à M. *Escher*, mort sur le *Buet* en 1801. Le pont Pelissier est à l'extrémité méridionale de la vallée de Servoz et presque au commencement de celle de Chamouni. Les montagnes que l'on suit à gauche en y allant sont les bases des rochers de Salles ; celles de Pormenaz, qui bornent la vallée au nord, puis la montagne de Fer, qui forme l'extrémité O. de la chaîne du Breven : on décrit en les suivant une portion de cercle dont l'Arve est la corde. Après le pont, on gravit un chemin rapide, appelé *les montées*, laissant l'Arve à gauche. La vallée est fort étroite jusqu'à ce que l'on ait fait le passage des montées, pendant lequel on se dirige au S. On tourne ensuite, et on entre seulement alors dans la vallée de Chamouni, dirigée du S.-O. au N.-E. Le *Nant de Nayin*, que l'on passe, a creusé une profonde ravine qui est quelquefois dangereuse à traverser. *Les Ouches* est une des trois paroisses de la vallée. Le premier torrent que l'on traverse ensuite s'appelle *la Gria* ; il vient du glacier de Gria, que l'on voit à droite à une grande hauteur. Une demi-heure plus loin, on traverse le torrent du *Taconay*, qui descend du glacier de ce nom : c'est le second glacier que l'on voit à sa droite, et qui descend plus bas que le premier. Un quart de lieue plus loin, le torrent des Bossons descend du beau glacier de ce nom, qui vient encore plus bas dans la vallée que les autres. Dans le lointain, au delà du *Prieuré*, on distingue le superbe glacier des Bois. On traverse ici de nouveau l'Arve pour suivre sa rive gauche jusqu'au Prieuré. Après le pont sur l'Arve, on trouve de belles sources qui sortent de la chaîne du Breven, et qu'on dit être l'écoulement du lac de ce nom.

Le Prieuré, plus connu sous le nom de Chamouni, est le chef-lieu de cette vallée ; c'est un grand bourg bien bâti, situé au pied du Breven et sur la pente d'un coteau provenant des débris de cette montagne, qui le domine au N.-O. Chamouni est au bord de l'Arve.

Hôtels de l'*Union*, de *Londres*, estimés; de la *Tour*, de *la Couronne*, où on est très-bien.

2e. Route. — On peut, depuis *Chède*, prendre une autre route pour aller à Chamouni. On descend au pont aux *Chèvres*, situé au-dessous de Chède, et qui offre un point de vue infiniment pittoresque; de là on entre dans le vallon du *Chatelard*, que l'on suit jusqu'au pont *Pelissier*.

Aspects et points de vue. — La gorge étroite des *Montées* offre les plus beaux aspects dans le genre sauvage. Ce chemin rapide, taillé dans le roc, les rochers perpendiculaires qui le dominent à droite; l'Arve coulant sur la gauche, et se précipitant avec fracas au milieu des sapins et des mélèzes qui croissent dans cet étroit défilé; la coupe presque verticale de la montagne de Fer, teinte çà et là de couleur métallique, et dont l'Arve ronge et dégrade le pied: tout cet ensemble rend ce passage aussi sauvage que sublime. Tout à coup la vallée de Chamouni s'élargit et s'ouvre à vos regards. Les aiguilles neigées sur la droite semblent être les appuis colossals du Mont-Blanc; en face, l'aiguille Verte, à laquelle l'aiguille du Dru est appliquée; à gauche, le Breven. Ces glaciers descendent la vallée jusqu'au pied des maisons; cette vallée est riche et peuplée.

Hauteurs. — L'établissement des *mines*, 428 toises au-dessus de la mer.

La plus haute pointe de *Pormenaz*, 1,147 toises.

Les mines de *Pormenaz*, 1,028 toises.

Chamouni, 525 toises.

Le mont de Lachen, au S.-O. de Chamouni, 1,077 toises

Vallée de Chamouni.

Chamouni (la vallée de), située dans la *Savoie*. Elle est éloignée de tous les grands chemins, isolée, et pour ainsi dire séparée du reste du monde ; elle forme une vallée longitudinale dans la direction de N.-E. au S.-O. de 4 à 5 lieues de longueur sur une largeur de 15 à 30 minutes. L'*Arve* la parcourt d'un bout à l'autre. Elle est barrée au N.-E. par le *Col de Balme*, et au S.-O. par les *monts* de *Lacha* et de *Vaudagne*. Le mont *Breven* et la chaîne des *Aiguilles Rouges* règnent au nord de la vallée. Au sud on voit s'élever les groupes gigantesques du *Mont-Blanc*, de la base duquel quatre énormes glaciers (ceux des *Bossons*, des *Bois*, d'*Argentière* et du *Tour*), et deux glaciers moins considérables (ceux de *Gria* et de *Taconnay*) descendent jusque dans la vallée.

Découverte de cette vallée. — Cette vallée, si singulièrement intéressante, dans laquelle on voit la montagne la plus élevée de l'ancien monde, est demeurée entièrement inconnue jusqu'en 1741. Ce fut alors que le célèbre voyageur *Pocock* et un autre Anglais nommé M. *Windham* la visitèrent, et donnèrent à l'Europe et au monde entier les premières notions d'une contrée qui n'est qu'à 18 lieues de distance de Genève.

Curiosités. — Chamouny est à 2,040 pieds au-dessus du lac de *Genève*, ou à 3,174 pieds au-dessus de la mer. L'hiver y dure depuis le mois d'octobre jusqu'en mai. On y voit communément 3 pieds de neige pendant cette saison ; mais au village du *Tour* (le plus haut de la vallée) la neige s'accumule à 12 pieds de hauteur. En été le thermomètre est à midi entre 14 et 17°) ; il est très-rare qu'il s'élève à 20. Le matin il est communément à 9°, de sorte qu'il y fait très-frais. Au milieu de l'été il survient souvent des jours si froids que l'on ne saurait se passer de feu. La vallée contient des champs, des prés, et des pâturages alpestres. On y recueille un miel délicieux, remarquable par sa blancheur parfaite et son parfum aromatique. Les montagnes nourrissent des chamois et des bouquetins.

On peut faire le voyage à cheval de Chamouni au pied méridional du Mont-Blanc. On peut même faire huit lieues en char, en passant par les bains de Saint-Gervais, les Contamines jusqu'à Notre-Dame-de-la-Gorge. C'est ici qu'on peut entreposer les chars ; les guides attachés aux bains se munissent de selles pour hommes et pour femmes pour s'en servir à volonté.

Vue du Mont-Blanc et des montagnes voisines. — Du *Prieuré* on voit au sud la chaîne du *Mont-Blanc*; d'abord on distingue tout-à-fait au S.-O. l'*Aiguille du Goûté*; puis au S.-E. de cette pointe le *Dôme du Goûté*, et le sommet du *Mont-Blanc*, qu'on nomme à juste titre la *Bosse de Dromadaire*. Cette sommité est tellement reculée vers le sud que l'on prend volontiers le *Dôme du Goûté* pour le vrai sommet du *Mont-Blanc* : ce n'est que sur le mont *Breven*, ou sur le *Col de Balme*, que l'on se trouve à portée de se détromper à cet égard. A l'est du *Mont-Blanc* on aperçoit les *Aiguilles du Midi*, du *Plan*, de la *Blaittière*, de *Charmoz*, de la *Fourche* et du *Dru*. Ces aiguilles granitiques ont à peu près toutes 8,232 pieds au-dessus du village, et 11,400 pieds au-dessus de la mer ; le sommet du *Mont-Blanc* est à 1,432 au-dessus du *Prieuré*, et 14,700 au-dessus de la mer, selon M. *de Saussure*.

De Chamouni au sommet du Breven, 5 h.

Chalet de Pliampra, 3 h.	Sommet du Breven, 1 h.
Au Couloir, 1	

Route. On monte d'abord pendant les trois quarts du chemin de Pliampra, sur les débris tombés et roulés de la tête du Breven ; on gravit ensuite une montée rapide et herbeuse, qui mène à *Pliampra*, chalet situé au milieu d'une grande prairie en pente douce. Au bout d'une heure, depuis Pliampra, on arrive au pied d'un rocher, de 40 ou 50 pieds de haut, où il faut gravir par un *couloir* ou cheminée ouverte. Ce passage est assez mauvais, mais à un demi-quart de lieue plus au N. on en trouve un plus commode. Ce rocher escaladé, il y a une pente douce jusqu'au sommet.

Aspects et points de vue. La vue de Breven est une des plus belles que l'on puisse trouver, et il est impossible d'avoir une idée de l'ensemble de la vallée de Chamouni, et de la chaîne du Mont-Blanc, si on n'y a pas été.

Celle de *Pliampra* n'est pas aussi belle ; mais ceux qui ne pourront pas monter jusqu'au Breven, doivent au moins s'élever jusque-là.

Minéralogie. Les débris sur lesquels on monte pendant long-temps, sont des roches feuilletées.

Les Aiguilles Rouges, rochers situés à une demi-lieue au N. de *Pliampra*, sont d'un *granit veiné*.

Le *sommet du Breven* est aussi composé d'un granit dont les couches ont la direction de l'Aiguille aimantée et sont verticales ;

Tout le sommet du Breven est couvert de blocs et

de débris entassés de la nature même de la montagne.

Hauteurs. — Le chalet de Pliampra, 1,061 toises au-dessus de la mer.

Le Brevenl, 1306 toises.

De Chamouni au Montanvert, 2 h. 30 m.

La Fontaine, 1 h. 35 m. | Le Montanvert, 1 h. 15 m.

Route. — Du Prieuré on traverse l'Arve sur un pont de bois, et on va joindre à travers les prairies le pied de la montagne : on entre dans une forêt de sapins et de mélèses, et l'on monte par un sentier plus ou moins rapide ; on trouve à moitié chemin une fontaine, appelée *Caillet*, qui sort du pied des rochers. A une petite lieue de marche, depuis la fontaine, on traverse une ravine qui a été creusée par les avalanches, et tout de suite après on trouve deux sentiers pour aller au *Montanvert;* l'un à droite, étroit et scabreux ; l'autre à gauche, large et sûr, qui est plus long. Au haut de la pelouse qui domine le Montanvert est un pavillon aujourd'hui dégradé, et qu'en 1795 éleva M. Jacquet, sculpteur distingué de Genève, aux frais du résident de France, M. Félix Desportes. Le château de Blair, ainsi nommé de l'Anglais qui le construisit, est un peu au-dessous, et sert maintenant d'écurie aux vaches.

Le pâturage est situé précisément au pied de l'*Aiguille de Charmoz*, et au-dessus de la partie inférieure de la mer de glace, appelée *Glacier des bois* ; on descend sur la glace par un sentier étroit et scabreux.

Depuis le Montanvert, on peut suivre le glacier, et venir par une descente, nommée la *Felia*, à la source de l'Arveiron ; mais elle est fatigante et difficile.

ASPECTS ET POINTS DE VUE. — Lorsqu'on s'élève sur le Montanvert, on jouit, à travers les échappées du bois, de la vue de la vallée de Chamouni. En y arrivant, la scène change tout à coup : on a à ses pieds une vallée immense de glace, et, vis-à-vis, des montagnes élancées, nues et arides.

L'obélisque le plus apparent, et qui se présente en face du Montanvert, est l'Aiguille du *Dru*, que sa grande hauteur, sa figure conique et sa position font aisément reconnaître. Sur la gauche du *Dru*, on voit l'Aiguille du *Bochard* moins élevée : plus loin et plus à droite, vers le fond de la vallée, s'élève l'Aiguille du *Couvercle* ; au-dessous, on voit le glacier, qui dans sa partie inférieure porte le nom de glacier des Bois, parce qu'il va se terminer dans la plaine, près du hameau des Bois. Au S.-E., au fond du glacier, on découvre les *Périades*, au pied desquelles cette vallée de glace se divise en deux branches ; l'une va à droite joindre le *Tacul*, l'autre forme le glacier de *Léchaud*.

Cette immense vallée ressemble de loin à une mer de glace qui aurait gelé au moment d'un orage.

HAUTEURS. — Le Montanvert est à 954 toises au-dessus de la mer.

L'Aiguille du Dru, à 1,422 toises sur la vallée, mesurée trigonométriquement.

Descente du Breven à Chamouni, 6 h. 20 m.

Du sommet du		A Coupeau,	1 h. 35 m.
Breven au lac,	40 m.	Aux Ouches,	1 h.
Chailloux,	1 h. 35 m.	Au Prieuré,	1 h. 30 m.

Pour redescendre à Pliampra, on peut, en tirant un peu au Nord, passer par un couloir moins rapide que le précédent; et pour revenir de Pliampra au Prieuré, on peut encore varier la route en en prenant une au Nord-Est, plus longue et plus pénible.

Dans cette descente on ne trouve d'intéressant qu'un rocher situé au-dessus du chalet de *la Parse*. C'est un grand bloc qui ne tient point au terrain, mais qui est roulé du haut de la montagne, et s'est arrêté au milieu d'une belle prairie. Sa hauteur est d'environ 30 pieds (10 mètres), son diamètre de 20 (6 mètres). Du côté du sud-est, il est revêtu d'une espèce d'écorce, composée de couches arquées et concentriques d'une roche de corne noirâtre assez dure, mêlée de schorl et couverte d'une rouille ferrugineuse (*amphibolite*). Ce rocher dans cet endroit a tout-à-fait l'apparence d'une énorme boule basaltique. (Pictet.)

On peut, si l'on veut, revenir du sommet du Breven sans passer par Pliampra; la route est alors plus douce, mais beaucoup plus longue. On se dirige dans ce cas vers l'Ouest, on passe près du lac du Breven, d'où l'on descend à *Chailloux*; puis on prend la route du village de *Coupeau*, où l'on descend depuis Chailloux en une heure et un quart de temps, au travers des bois. Depuis là on vient aux Ouches, où l'on rejoint la grande route qui traverse la vallée de Chamouni dans toute sa longueur.

De Chamouni au Chapeau, 2 h. 1/2.

Route. — On suit le fond de la vallée jusqu'aux Tines ; de là on monte du côté du Sud pour s'élever sur le *Chapeau*, qui est au pied de l'Aiguille à *Bouchard*, et sur la rive droite du glacier des Bois. Ce rocher est presque vis-à-vis du Montanvert ; mais il est moins élevé. Les personnes qui craindront la fatigue du sentier du Montanvert peuvent d'ici jouir de la vue du glacier, de celle du Mont-Blanc et de ses aiguilles.

De Chamouni à la source de l'Arveyron, 1 h.

Il y a une petite heure de distance du Prieuré à la source de l'Arveyron. La route est belle.

On passe par le hameau des *Bois*, qui est près de Chamouni. La route est toujours en plaine et suit le fond de la vallée ; elle traverse de belles prairies et de beaux bois.

Caverne de glace. — L'Arveiron sort du pied du glacier des Bois, qui forme l'extrémité de la vallée de glace. Il sort, en bouillonnant, d'une caverne qui a quelquefois 100 pieds d'élévation, mais qui varie de forme et de grandeur. Cette source contient des objets les plus dignes de la curiosité du voyageur.

Les grands blocs de granit qui ont été charriés par le glacier, du haut duquel s'élève l'obélisque du *Dru*, la situation sauvage des environs, donnent à cet endroit un aspect pittoresque.

Il y a quelque danger à s'enfoncer dans la caverne de glace, à y tirer des pistolets, des armes à feu.

Du Chamouni au Jardin, par le couvercle le Talèfre, 7 h. 1/4.

Montanvert,	2 h. 30 m.	Au Couvercle,	30 m.
Aux Ponts,	15 m.	Au Jardin,	1 h.
Aux Égralets,	3 h.		

Route. — *Voyez* route jusqu'au *Montanvert*, où on couche le premier jour. Depuis le Montanvert, on se dirige au Sud, en suivant la rive gauche du glacier, mais fort au-dessus et le long des bases des aiguilles de *Charmoz* et de *Crepon*. Au bout d'un quart d'heure, on trouve le passage des *Ponts*, rochers inclinés que l'on doit traverser. On passe ensuite auprès d'une caverne naturelle fort élevée, et où découle une eau limpide et pure. Si le glacier est ici praticable, on y entre, et on le traverse obliquement en suivant le sud-sud-est et passant par-dessus quatre *moraines* ou plutôt quatre arêtes de glace recouvertes de pierres.

Les moraines traversées, on se trouve précisément à la réunion de trois grands glaciers à droite; celui de *Tacul* devant soi, et un peu sur la gauche celui de *Léchau*, qui va se terminer au pied des *Jorasses*; enfin, à gauche, on est au pied de la chute du *Talèfre*. On gravit au niveau du plan de ce glacier par un passage nommé les *Égrallets*, et l'on arrive au *Couvercle*.

Le Couvercle est situé à peu près au même niveau que le plan du glacier de Talèfre. C'est une espèce de plaine qui se trouve au pied d'un rocher dégradé, fort élevé; elle est semée d'immenses quartiers de granit qui se sont détachés de ce rocher.

En demi-heure ou trois quarts d'heure, on s'élève, par une pente gazonnée, depuis le Couvercle au-dessus du rocher qui le domine, et qu'on nomme le Plan sur le Couvercle. On suit une partie de ce chemin pour aller au *Jardin*; mais quand on est élevé à peu près à la hauteur du rocher du Couvercle, on prend à droite à l'est; on marche sur le plan du glacier du Talèfre, dans la partie qui descend des Rouges, et au bout d'une heure, on parvient au Jardin. Au reste, cette route varie suivant l'état du glacier.

Le *Courtil*, ou *Jardin*, est situé dans le côté Nord du glacier du Talèfre; il forme la partie la plus basse des hautes pointes de montagnes appelées les *Rouges*. Sa figure est celle d'un triangle dont la base est sur le plan du glacier, et le sommet au pied des Rouges: cette base peut avoir une demi-lieue de long, et la hauteur trois quarts de lieue.

La vue du Jardin présente un aspect aussi sauvage, mais un peu moins étendu que celui du rocher sur le Couvercle. Au Sud, on a l'aiguille de Léchau, et les revers de cette aiguille à l'Ouest, les aiguilles des Blaitières, celle du Midi et le Mont-Blanc. Entre le Sud et l'Ouest, on voit s'élever les grandes Jorasses, et au devant les Périades; la Noire, plus reculée et placée sur le Tacul à l'est, domine sur le Talèfre; les deux Droites, hautes et grandes pointes, et les Courtes, qui sont à côté, et qui ne se distinguent que par leur moindre hauteur : puis au-dessous le Rognon, à Chenavié, entre l'Ouest et le Nord; il est borné par l'aiguille du Couvercle (autrement nommée du Talèfre), qui va se joindre aux Rouges.

HAUTEURS. — Plan du Talèfre, 1,334 toises au-dessus de la mer.

Plan du Léchau, 1,167 toises.

Jardin, 1,414 toises.

BOTANIQUE. — Le *Jardin* est riche en plantes rares; ainsi que le *Couvercle*.

Du Chamouni à Cormayeur, par le Col du Géant, la mer de Glace, 14 à 15 l.

Cette route est difficile, et ne peut se faire que par des personnes exercées à ces sortes de voyages.

ROUTE. — On suit la route du *Jardin* jusqu'à la réunion des trois glaciers, le *Tacul*, le *Lechau* et le *Talèfre*; alors en prend à droite pour s'élever sur le sommet du Tacul, en suivant la rive droite de ce glacier, et on marche toujours sur la glace ou la neige jusque sur le sommet du Tacul. Depuis là on descend à Cormayeur.

On couche la première nuit au *Tacul*: c'est ainsi qu'on appelle un fond couvert de gazon, au bord d'un petit lac renfermé entre l'extrémité du glacier des Bois et le pied du rocher du Tacul, à la réunion des trois grands glaciers.

Le sommet du Tacul par où l'on passe a été nommé par M. de Saussure, le *Col du Géant*..

La première partie de la descente du côté de Cormayeur, que l'on fait sur des rocs incohérens, est rapide et pénible, mais sans danger. Du pied de ces rocs on entre dans des prairies au-dessous desquelles on trouve des bois, et enfin les champs cultivés par lesquels on arrive à Cormayeur.

ASPECTS ET POINTS DE VUE. — La structure du Mont-Blanc ne se manifeste nulle part aussi distinctement que du côté qui regarde le Col du Géant. On voit jusque sous sa cime les coupes des tranches verticales de granit dont cette masse énorme est composée; et comme ces tranches se montrent là de profil et coupées par des plans qui leur sont perpendiculaires, leur régularité, qui ne se dément nulle part dans le nombre immense que l'œil en

« saisit à la fois, ne permet pas de douter que ce ne soient de véritables couches.

On ne passe pas une heure sans voir ou sans entendre quelqu'avalanche de rochers se précipiter avec le bruit du tonnerre, soit dès flancs du Mont-Blanc, soit de l'Aiguille du Midi, soit de l'arête même sur laquelle on s'établit.

Hauteurs. — La cabane au Col du Géant, 1,763 toises sur la mer.

Le Géant 2174 toises.

Du Chamouni aux Aiguilles, et aux Glaciers qui se trouvent à leurs pieds, 2 l. 1/2.

Du Prieuré au chalet de *Blaitière-dessous*, deux lieues et demie; de-là, une bonne demi-heure jusqu'au chalet de *Blaitière-dessus*.

Aiguille de Blaitière. — De ce chalet, on se dirige du côté du couchant vers le pied de *l'Aiguille de Blaitière*, puis on va au N.-E. toujours en montant les bases de cette Aiguille et marchant sur des débris qui recouvrent le glacier de Blaitière.

Aiguille du plan. — Du chalet de Blaitière-dessus, pour aller à l'Aiguille du Plan, on se dirige encore plus à l'O. Dans trois quarts d'heure, M. de Saussure parvint au chalet de la Tapie, au pied du glacier des Nantillons. Un quart de lieue plus loin, au lac du Plan de l'Aiguille. De là, en suivant des débris et faisant des détours on peut s'élever à une certaine hauteur sur l'Aiguille. M. de Saussure en revint en tirant au N.-O. pour passer sur la sommité de la Croix.

Aiguille du midi. — Depuis le chalet de la Blaitière-dessus, M. de Saussure côtoya la montagne un peu au-dessus de la hauteur de Blaitière, puis il passa sous la sommité de la Croix, puis dans les débris au-dessous du glacier des Pèlerins, et de là, en montant obliquement, il parvint à un roc saillant, nommé le Gros-Berard, près du glacier des Boissons. Depuis cet endroit il se dirigea contre le pied de l'Aiguille. Pour y arriver, il aurait fallu prendre à droite du côté du Midi ; mais les neiges fraîches ne le lui permirent pas : il dirigea donc sa route à gauche du côté de l'est ; il mit une heure pour aller au glacier du Midi, et 24' pour le traverser et arriver sur le pied de l'Aiguille.

Aspects et points de vue du pied de l'Aiguille du Plan. — On a une vue de la plus grande beauté. D'abord, au Sud, la belle et haute pyramide de l'Aiguille du Midi, qui cache à la vérité la cime du Mont-Blanc, mais qui laisse voir ce qu'on appelle à Chamouni, le second Mont-Blanc, ou le Dôme neigé de l'Aiguille du Gouté ; puis l'Aiguille même de ce nom ; puis un entassement de montagnes secondaires situés entre Sallenches, Anneci et Montmélian.

Hauteurs. — Le pied de l'Aiguille des Blaitières, 1,332 au-dessus de la mer.

Le pied de l'Aiguille du Plan, 1,316 toises.

Le pied de l'Aiguille du Midi, 1,368 toises.

L'arête au bord du glacier de l'Aiguille du Midi, 1,313 toises.

L'Aiguille du Midi est élevée à 2,009 toises.

Chalet de Blaitières-dessus, 980 toises.

De Chamouni au sommet du Mont-Blanc, 17 h.

Au chalet du Part,	2 h.	Aux rochers rouges, au fond du grand plateau,	2 h.
A la pierre à l'Echelle,	2 h. 30 m.	Aux petits Mulets,	1 h. 30 m.
Aux grands Mulets,	4 h. 30 m.	Au Sommet,	1 h. 30 m.
Au premier plateau,	3 h.		

Route. Cette route est périlleuse et très-fatigante ; et il faut être bien favorisé du temps pour l'entreprendre (1).

Ceux qui voudront se former une idée de ces solitudes et des beaux spectacles que présentent les Hautes-Alpes, pourront aller jusqu'aux *Grands-Mulets;* cette course qui ne présente guère plus de fatigue et de danger que celle du *Jardin*, peut offrir un grand intérêt ; cependant, comme nous l'avons déjà dit, toute personne qui n'est pas très-sûre de ses forces et de son sang-froid dans le danger ne doit pas entreprendre même cette partie de la course.

---

(1) On couche le premier jour aux *Grands-Mulets*, le deuxième on fait l'ascension, et on revient coucher aux *Grands-Mulets ;* le troisième on redescend à *Chamouni*.

De Chamouni à Martigny, par le col de Balme, 9 h. 15 m.

De Chamouni à Argentière,	2 h.	Savoie et du Valais,	1 h.
Le Tour,	1 h.	Chalets des Herbagères,	30 m.
Chalets de Charamillan,	45 m.	Vallée de Trient,	1 h. 30 m.
Limites de la		La Forclaz,	30 m.
		Martigny,	2 h.

Route. — On suit le fond de la vallée de Chamouni, jusqu'à *Argentière;* elle devient étroite et montueuse, depuis les Tines. Petite chapelle sur la route, l'Arve à gauche; on laisse à main droite le glacier d'Argentière; village du *Tour* au fond d'une impasse, formée par les montagnes, à l'extrémité la plus élevée de la vallée. A droite est le glacier du Tour qui descend aussi fort bas. Avant d'arriver à Tour on passe la Buisme, torrent qui sort du glacier. Depuis Tour on monte aux chalets de *Charamillan*, que l'on laisse à droite; puis on descend dans le lit de l'Arve, qu'on traverse. On monte aux chalets de *Balme*. Depuis le col de ce nom, il faut s'écarter un peu de la route pour aller sur la haute limite du Valais et de la Savoie, afin de jouir d'un très-beau point de vue. On redescend ensuite au *Col* et on continue à descendre par une pente rapide jusqu'au fond de la vallée du *Trient*, en laissant le village à gauche et le glacier de ce nom à droite. On traverse le torrent du Trient qui sort de ce glacier et on monte au col *de la Forclaz*.

Aspects et points de vue. — La plupart des voyageurs passent par le col de Balme pour jouir du beau point de vue que présente la vallée de Chamouni.

La vue du Bréven présente le Mont-Blanc, sa chaîne et ses glaciers en face et dans toute leur étendue; celle-ci au contraire les prend de profil et en raccourci.

HAUTEURS. — Aiguille d'Argentière, ou Aiguille verte, 1,902 toises au-dessus de la mer.

Col de Balme, 1,181 toises sur la mer.

La Forclaz, 778 toises.

De Chamouni à Martigny, par Valorsine, 8 h. 20 m.

Pont sur l'Arve,	1 h. 30 m.	Valorsine,	30 m.
Chapelle des Tines,	20 m.	Tête Noire,	2 h.
		Trient,	30 m.
Argentière,	1 h. 15 m.	Martigny,	2 h. 15 m.

ROUTE. — On suit d'abord le fond de la vallée de Chamouni jusqu'au-delà d'*Argentière*; on tourne alors au N.-E. et on gravit par un chemin rapide et pierreux une gorge extrêmement sauvage et inculte, qui se nomme les *Montets*, et qui conduit dans la vallée de *Valorsine*. Au plus haut point de ce passage, les eaux se partagent, celles du côté du nord vont joindre le Rhône et celles du midi se jettent dans l'Arve.

Depuis Valorsine on suit la vallée de ce nom jusqu'à la *Tête-Noire*, le chemin côtoie l'Eau-Noire, torrent qui va se réunir à celui du *Trient*; on le passe trois fois sur des ponts de bois. La *Tête-Noire* est le passage qui se trouve à l'angle que forment les deux vallées du Trient et de Valorsine en se réunissant. Le chemin qui descend de la Tête-Noire au village de *Trient*, est tracé sur une roche feuilletée et est assez difficile; il l'est tellement à un endroit qu'on l'a surnommé le *Maupas*, (mauvais pas). On se dirige au S.-S.-E. pour venir au *Trient*. Du Trient on suit la route indiquée dans le numéro précédent.

Lorsqu'on a passé les *Montets*, on voit à gauche s'ouvrir la gorge du *Bérard* qui conduit au *Buet*. Les montagnes à l'ouest sont la suite des *Aiguilles Rouges* ; cette prolongation s'étend jusqu'à la gorge du *Bérard* ; viennent ensuite les montagnes de la *Barbeline*. Les montagnes que l'on suit à droite sont celles de *Balme*.

HAUTEURS.—Les *poudingues de Valorsine* sont à 954 toises au-dessus de la mer.

De Valorsine au Buet ou Mortine, 8 h.

La Poya,	45 m.	La Table au Chantre,	2 h.
La Couteraye,	15 m.	La Mortine,	3 h.
La Pierre à Bérard,	2 h.		

ROUTE. — Depuis la Couteraye on côtoie le torrent appelé Eau-du-Bérard, qui fait une très-belle chute au fond d'une profonde crevasse. Bientôt après on entre dans la vallée étroite et sauvage du Bérard dirigée de l'E.-N.-E. à l'O.-S.-O. Elle est flanquée à son entrée par deux hautes montagnes : l'une au midi forme l'extrémité de la chaîne des *Aiguilles Rouges* ; l'autre au Nord, se nomme le Mont de *Loguin* ; on traverse ensuite l'Eau-du-Bérard, et on gravit une montée rapide. Vient ensuite une petite plaine ovale de 10' de longueur, après laquelle on traverse une forêt de mélèzes, située sur le penchant de la montagne. Au sortir de cette forêt, on trouve à sa droite une pente rapide et couverte d'herbe qui offre une route plus courte, mais que l'on doit faire à pied. A droite on a le Mont *Oreb*. On traverse une pente de neige et on voit la Pierre à Bérard, qui est un grand rocher détaché de la montagne, sous lequel on a pratiqué une écurie pour vingt vaches. On laisse ici les mulets, et on gravit par des pentes herbeuses jusqu'à la *Table-au-Chantre*. D'ici jusqu'au sommet on monte toujours, soit en suivant de longues arêtes de rochers calcaires, détruits et brisés à leur surface, ou en marchant sur des neiges qui remplissent les intervalles de ces arêtes.

HAUTEURS.—Le chalet de la Para, 1,108 toises au-dessus de la mer.

La montagne de la Côte à la cabane de Saussure, 1,319 toises.

La station au haut du Grand-Mulet, 1,773 toises.

Le second plateau où coucha M. de Saussure le second jour de son ascension, 1,995 toises.

Sommet du Mont-Blanc, 2,462 toises.

De Servoz à la Mortine ou Buet, 10 h.

Aux Ayères,	1 h. 30 m.	Aux chalets de Wuilly,	1 h. 30 m.
Aux Barraques de Pormenaz,	2 h. 30 m.	Salenton,	1 h. 30 m.
Aux chalets de Moède,	30 m.	Le Buet,	2 h. 30 m.

ROUTE. — Depuis *Servoz* on se dirige presqu'au nord, pour aller aux *Ayères*, en s'élevant par des côtes basses, cultivées et peuplées, qui sont au-dessous des rochers de *Salles* et d'*Anterne*. Des Ayères, on tourne au sud pour venir aux *Barraques de Pormenaz*, ce petit détour est nécessaire, si l'on veut voir les mines de cette montagne. Un sentier plus court passe par la montagne de la *Crosse* et conduit aussi aux Barraques.

Au lieu de revenir sur ses pas, jusqu'au lac de Pormenaz, on fera mieux de s'élever sur la pointe du Rossy; d'où l'on jouit d'une belle vue : de là en demi-heure on revient au lac de Pormenaz.

On entre alors dans le vallon, qui conduit à la *Mortine*, ou *Buet*; à gauche, la chaîne de Salles se dirige à l'Est; à droite celle du Breven court au N.-E.

De là on gravit le passage de *Salenton*, qui est au-dessus de la gorge du *Bérard*, et on s'élève ensuite sur des pentes neigées jusque sur le Buet.

ASPECTS ET POINTS DE VUE. — L'enceinte circulaire des montagnes que l'on découvre, forme un horizon immense. Depuis le Buet, qui est à l'est, jusqu'aux montagnes du Dauphiné, où l'œil se perd à l'ouest, on voit, en portant ses regards sur le demi-cercle méridional, les plus hautes montagnes neigées de l'Europe.

HAUTEUR. Le Buet, 1,538 t. au-dessus de la mer.

Du Buet au Breven.

On peut aller du Buet à Chamouni, sans revenir à Servoz, en passant par le Bréven. On suit partout un chemin à mulets. De *Wuilly* on va aux *Chalets* de la *Barme*, qui sont à une lieue de distance; des Chalets de la Barme à ceux d'*Arlevais*, il y a une autre lieue, et de ceux-ci au lac de *Breven* on compte une lieue et demie; et depuis cette montagne on descend aux *Ouches* par le chemin indiqué ci-après.

De Servoz au Breven et à Chamouni, tournée de 10 à 11 h.

De Servoz à *Mont-Vauthier*, demi-heure. De là aux *Potets*, une lieue : puis une lieue et demie jusqu'à la montagne de Chailloux ; de là, en une heure et demie au lac du *Bréven* ; puis trois quarts d'heure jusqu'au sommet.

Du Breven on revient sur ses pas jusqu'à *Chailloux*, puis on prend la route du village de Coupeau, où l'on descend depuis Chailloux, en un quart d'heure de temps, au travers des bois. Depuis là aux *Ouches* on compte trois quarts de lieue : on se trouve alors dans la vallée de *Chamouni*, et on arrive au Prieuré en une lieue et demie, par la route ordinaire.

Le hameau de Mont-Vauthier est situé sur le penchant de la montagne de fer sur une pente rapide. Toute la route est boisée et agréable. On y trouve de beaux pâturages.

De Chamouni au hameau du Glacier par le Bon-Homme, et à Courmayeur, 14 h. 30 m.

Bionnay,	5 h.	Jovet,	1 h. 15 m.
Contamines,	1 h. 15 m.	La Croix du Bon-Homme,	1 h. 45 m.
Chalets du Nant-Bourant,	1 h. 15 m.	Le Chapiu,	2 h.
Plan du Mont-		Hameau du Glacier,	2 h.

Pour aller du prieuré de Chamouni à *Courmayeur* par l'*Allée-Blanche*, il faut deux jours entiers. Si l'on désire avoir du temps pour examiner les glaciers de l'Allée-Blanche, avant d'arriver à Courmayeur, et si l'on ne craint pas de coucher deux nuits dans de misérables hameaux ou chalets, on doit aller le premier jour à *Bionnay* ou à *Contamines*, le second au *Chapiu* ou hameau du *Glacier* et le troisième on vient à Courmayeur. Mais si on désire y arriver le second jour, il faut venir coucher le premier soir aux *Châlets du Mont-Jovet* au pied du *Col du Bonhomme*, d'où, en partant de bonne heure le lendemain, on peut arriver le soir à Courmayeur.

HAUTEURS. — La Forclaz, 765 toises au-dessus de la mer.

Bionnay, 478 toises.
Contamines, 512 toises.
Notre-Dame-de-la-Gorge, 543 toises.
Nant Bourrant, 707 toises.
Le rocher du Bon-Homme, 1,545 toises
Le col du Bon-Homme, 1,253 toises.
Le Chapiu, 778 toises.
Le Hameau du Glacier, 912 toises.

Descente à Courmayeur, 7 h.

Au chalet du Motet,	30 m.	Col de la Seigne,	1 h. 15 m.
		Courmayeur,	5 h. 15 m.

ROUTE. Arrivé au *Col du Bonhomme*, à cette hauteur le voyageur a le choix entre deux chemins différens. L'un descend en 3 heures à *Chapiu*, village habité seulement pendant l'été, et de là remonte au *Glacier*, hameau plus chétif encore que le premier, où l'on arrive en traversant un vallon sauvage, 2 lieues. Le second, plus court, continue de monter pendant une heure entière depuis le Col du Bonhomme jusque sur celui des *Fours*; il redescend en 2 heures par une pente extrêmement raide au *Glacier*, village non loin duquel le glacier de l'*Aiguille du Glacier* descend dans la vallée.

COL DE LA SEIGNE. Le village du *Glacier* est situé au S.-O. du Col de la Seigne; l'on y voit au N.-E. l'aiguille de même nom et le glacier qui en descend; au N.-N.-E. s'élève l'aiguille de *Bellaval*. Depuis ce hameau, on monte en 1/2 heure jusqu'au grand chalet du *Motet* d'où l'on atteint le sommet de la montagne au bout d'environ deux heures de montée. De là on a encore 5 lieues jusqu'à *Courmayeur* ; le chemin qui y mène suit la gorge de l'*Allée blanche*, passe à côté du glacier et du chalet qu'on y trouve ; puis, entre le lac *Combal* et le *Mont-Suc*, près du glacier de *Miage*, qui est caché derrière un rempart de débris entassés à 150 pieds de hauteur. De là on entre dans la riante vallée de *Veni* qui s'étend au sud du *Mont-Peterel* et du *Mont-Rouge*, et ensuite dans une forêt de mélèzes, au travers de laquelle on jouit de l'aspect du magnifique glacier de la *Brenva*, dont les pyramides descendent jusqu'au fond de la vallée, et forment un pont naturel sur la *Doire*. La descente du Col dans l'*Allée Blanche*, où l'on trouve souvent de la neige au fort de l'été, est très-raide.

Vue du Mont-Blanc, depuis le col de la Seigne. — La nature se montre sous des formes excessivement sauvages dans l'*Allée blanche*, et l'on peut dire que la vue de cette gorge, comme en général des vallées qui se succèdent jusqu'au *Col Ferret*, et principalement celles des revers du S. et du S.-O. du *Mont-Blanc* et de toutes les aiguilles voisines, envisagées du haut du Col de la Seigne, offre des beautés uniques: l'ensemble forme un tableau ravissant.

HAUTEURS. — Le chalet du Motet, 939 toises au dessus de la mer.

Le *Col de la Seigne*, 1,263 toises.

Le chalet de l'Allée-Blanche 1,005 toises.

Chalets de Miage 960 toises.

Lac de Combal 903 toises.

Courmayeur.

COURMAYEUR, gros bourg situé dans la vallée d'*Entrèves* en *Piémont*, au pied méridional du *Mont-Blanc*, et à peu de distance du confluent des deux *Doires*. L'un de ces torrens descend du *Col Ferret*, et l'autre du *Col de la Seigne* et de l'*Allée blanche*.

Bains. Glaciers. Le Cramont. Vues magnifiques du Mont-Blanc. Ce bourg est fameux à cause de ses bains et de ses eaux minérales. A la distance de 1/2 lieue du côté du S.-O., est la *source de la Victoire*, et la *source de la Marguerite* dont les eaux sont plus estimées. La principale de leurs propriétés, c'est d'être laxatives. Près du village de *la Saxe* on trouve une source dont les eaux exhalent une forte odeur de soufre ; mais on n'en fait aucun usage. La source du pré Saint-Didier, est à 1 lieue du bourg. Courmayeur intéresse principalement le naturaliste, en ce qu'il y trouve l'occasion d'observer le revers méridional de la chaîne du *Mont-Blanc*, comme on en observe le revers septentrional à *Chamouni*. Les deux vallées qui s'étendent depuis la gorge de l'*Allée blanche* jusqu'au *Col Ferret*, ont ensemble 8 ou 9 lieues de longueur. On y compte dix glaciers, dont quelques-uns sont d'une grandeur et d'une magnificence extrêmes. Les environs offrent divers sites pour étudier les couches pyramidales du *Mont-Blanc*, et tous les glaciers qui en descendent ;

tels sont entre autres le *Col de la Seigne* (voyez cet article p. 135), le *Cramont* (5 h. 1/2), et les hauteurs situées entre Courmayeur et le Val d'*Entrèves*, à 1/4 de lieue du fond de la vallée, du côté de la chaîne du *Mont-Blanc*. On y trouve une station où les feuillets pyramidaux de cette énorme montagne se présentent de la manière la plus avantageuse; on y découvre en même temps le *Col de la Seigne*, les pics calcaires qui l'avoisinent, et le *Cramont*. Pour s'y rendre, il faut coucher à *Eliva*, à 2 lieues du bourg. Le lendemain, on a encore un trajet de 3 lieues, dont on peut faire la moitié à cheval. Sur le sommet de la montagne, qui est à 8,484 pieds au-dessus de la mer, on se trouve en face du *Mont-Blanc*, et parfaitement à portée de reconnaître sa structure; on jouit en même temps de l'aspect de dix glaciers, et de dix chaînes de montagnes du côté du sud. Au sud-ouest, on découvre le *Ruitor*, montagne granitique très-élevée, et couverte de neiges et de glaciers.

On peut aller visiter près de là les grottes artificielles, nommées dans le pays « Trous des Romains; » on passe dans les chalets de *Chapiu* 1 h., de là aux grottes à pic.

De Courmayeur à Martigny par le Col Ferret.

On passe près de la source de *Saxe* (voyez article Courmayeur), on entre dans la vallée d'Entrèves, puis dans celle de *Ferret*. De là on découvre la vallée d'*Entrèves* et celle de *Veni* qui s'étend au pied méridional du Mont-Blanc, dans la direction du S.-O., et que termine le col de la *Seigne*, montagne située à 9—10 l. de distance du col de Ferret. Mais on n'y peut pas voir le Mont-Blanc, dont diverses autres pyramides dérobent la vue au spectateur. En revanche, deux glaciers très-grands descendent de la chaîne centrale jusque tout près du col; l'un deux, nommé *Glacier du Mont-Dolent*, a la forme d'un éventail ouvert.

Des chalets de Ferret, on arrive à la grande route, entre *Orsières* et St.-Branchier, laquelle conduit à Martigny.

Hotels à *Cormayeur* : l'Union, les Bains de la Saxe, *estimés*.

CHAPITRE III.

MARTIGNY.

Martigny (en allemand *Martinach*, et en latin *Octodurus*), petite ville du *Bas-Valais* ; à peu de distance on trouve un peu plus haut, dans la vallée de la *Dranse*, un bourg et deux villages qui portent aussi le nom de *Martigny*. La ville est située à 336 pieds au-dessus du lac de *Genève*, et à 1,734 pieds au-dessus de la mer. — Auberges : la *Grande-Maison* (à la ville), l'*Aigle*.

Curiosités. — L'ancien prieur Murith a laissé une belle collection de minéralogie, de plantes et de médailles. — La magnifique cascade de *Pissevache*, et la gorge remarquable d'où l'on voit sortir le *Trient* au travers d'une énorme paroi de rochers, sont situées près l'une de l'autre, à 1 lieue de Martigny, sur le chemin de *St.-Maurice*. Le climat de cette contrée est fort chaud : il y croît des vins très-spiritueux, dont les plus estimés sont ceux de la *Marque* et de *Coquembin*. Le miel qu'on y recueille passe pour être des plus exquis qu'on ait en Suisse. Vis-a-vis de Martigny on voit sur l'autre rive du *Rhône* les villages de *Fouly*, *Branson* et *Nasimbre*, où il y a une multitude de crétins. On y trouve un nombre prodigieux de plantes rares et curieuses, de même que sur le mont *Fouly*. On découvre une vue magnifique du haut de la colline, dont les ruines de l'ancien château de Martigny, ou de la *Batia*, occupent le sommet.

De Martigny au grand Saint-Bernard, 8 h.

St.-Branchier.	2 h.	Sommet du	
Orsières.	1 h. 25 m.	Prau	1 h.
Liddes.	1 h. 15 m.	Hôpital,	30 m.
Alève.	30 m.	Couvent.	1 h.
St.-Pierre,	30 m.		

Chemin de Martigny à Saint-Pierre. — On peut faire cette partie de chemin en *petit char*. Du bourg de *Martigny* on traverse le village de même nom ; on laisse à droite le chemin qui mène au *Col de la Forclaz* et à *Chamouni* ; ensuite on passe par *la Valette, Saint-Branchier, Orsières, Lidde, Alève* et *St.-Pierre.* De *St.-Pierre* (en allemand *St.-Petersburg*), on atteint l'hospice du *St.-Bernard* au milieu d'une contrée couverte de rochers nus. A 1/2 lieue du bourg on traverse une petite plaine nommée *Sommet de Prau*, au-dessus de laquelle on aperçoit le glacier de *Menoue* ; c'est au-dessus de ce glacier que s'élève le mont *Vélan*, la plus haute des sommités du *Saint-Bernard.*

Curiosités. — Les environs des moulins de *la Valette* sont remplis de gorges épouvantables, et les chutes d'eaux qu'on y voit près du pont de bois ont quelque chose d'extrêmement pittoresque. A *Saint-Branchier*, débouche le *Val de Bagnes*, vallée de 10 lieues de longueur, d'où sort le torrent de la *Dranse.* C'est à *Orsières* que vient aboutir, du côté droit, le vallon qui mène au *Col Ferret*, et de là à *Courmayeur*, au pied méridional du *Mont-Blanc.* A *Liddes* il y a un poêle dont le millésime est de l'an 1,000. L'église de *Saint-Pierre* fut bâtie vers la fin du Xe. siècle, par *Hugues*, évêque de Genève.

Glacier de la Valsorey. — Le ruisseau de la *Valsorey* (autrement nommé *Dranse de la Valsorey*), forme près de *Saint-Pierre* une cascade d'une beauté extraordinaire. Les voyageurs descendent souvent jusque sous les voûtes que forment les rochers pour contempler cette scène magnifique.

Le Grand Saint-Bernard est connu depuis un grand nombre de siècles; au sommet du passage qui conduit dans le Piémont est bâti l'hospice célèbre qui sert d'asile aux voyageurs; tout auprès, du côté de l'Italie, se présente une petite plaine où était autrefois le temple de Jupiter, ce qui a fait donner à la montagne le nom de *Mons-Jovis*, et ensuite celui de *Mont-Joux*; on regarde comme certain que saint Bernard de Menthon, chanoine d'Aoste, fonda l'hospice et le couvent du Saint-Bernard dans l'année 962; les religieux qui habitent ce couvent, et qui se dévouent au soin des voyageurs, possédaient autrefois de vastes domaines, mais ils en ont été peu à peu dépouillés; il ne leur reste maintenant que quelques légers revenus fixes, et ils suppléent à ce qui leur manque par des collectes annuelles qu'ils font dans les cantons voisins; ils vivent au milieu des privations de toute espèce; entourés de neiges éternelles; ils ne connaissent point d'été, et n'ont autour d'eux ni arbres, ni buissons, ni légumes, ni aucun de ces nombreux animaux dont la présence anime les plaines; l'hospice est à 7,542 pieds au-dessus de la Méditerranée; on le regarde en conséquence, comme une des habitations les plus élevées de l'ancien monde; le mont Vélan, qui tient au Saint-Bernard, a 10,327 pieds au-dessus de la mer. Toutes les années sept à huit mille voyageurs traversent le Saint-Bernard; quelques-uns meurent de froid dans ce passage; on range leurs corps dans une chapelle qui est construite à côté de l'hospice; la rigueur du climat fait que les traits de leurs visages se conservent pendant deux ou trois ans; après quoi leurs corps se dessèchent et deviennent semblables à des momies.

Des armées qui ont passé le Saint-Bernard.— Depuis le temps d'Auguste, le chemin que prenaient les légions romaines pour se rendre en Helvétie, dans les Gaules et dans la Germanie, passa par le Saint-Bernard. L'armée du féroce *Aulus Cæcinna* franchit cette montagne en 69 pour marcher contre l'empereur Othon, en Italie. Depuis le printemps de 1798, époque à laquelle les Français pénétrèrent en Suisse, jusqu'en 1801, plus de 150,000 soldats montèrent sur le Saint-Bernard, et le couvent eut pendant plus d'un an une garnison de 180 Français. En 1799, les Autrichiens tournèrent l'hospice, et l'on se battit pendant toute une journée, au bout de laquelle les Français demeurèrent maîtres de la montagne. Du 15 au 21 mai 1800, l'armée de réserve française, forte de 30,000 hommes, et commandée par Napoléon, alors premier consul, passa le Saint-Bernard avec ses canons et de la cavalerie. On fit passer 20 canons, qu'il fallut démonter au village de Saint-Pierre; on employait 64 hommes à traîner chaque pièce jusqu'au haut du passage. Au mois de juin cette armée combattit les Autrichiens, commandés par le général Mélas, dans les plaines de Marengo, où le général Desaix décida la victoire en faveur des Français, vers les 4 heures après midi. Son corps repose dans l'église du Saint-Bernard, où il lui a été érigé un monument en 1805.

Situation du couvent. — Cet hospice est situé au haut d'une gorge, percée dans les rochers, du N.-E. au S.-O., sur le bord d'un petit lac. Il occupe à peu près le point éminent du passage. Le nombre des chanoines n'est pas fixé, il varie de 20 à 30; mais il n'y en a guère que 10 ou 12 qui résident à l'hospice. Leurs fonctions consistent à recevoir, loger et nourrir toutes les personnes qui passent sur le *St.-Bernard :* ils doivent de plus, pendant les 7 à 8 mois les plus dangereux de l'année, parcourir journellement les chemins, accompagnés de gros chiens, dressés à cet effet, porter aux voyageurs qui peuvent être en danger les secours dont ils ont besoin, les sauver et les garder dans l'hospice jusqu'à leur entier rétablissement, le tout sans en recevoir aucune rétribution. Les voyageurs aisés trouvent dans l'église un tronc destiné à recevoir leur offrande volontaire. Pendant les mois les plus froids de l'année, le thermomètre se tient, aux environs du couvent, à 20 ou 22 degrés au-dessous de glace; au fort de l'été il gèle presque tous les matins; on n'y jouit guère qu'environ 10 ou 12 fois par an d'un ciel pur et serein pendant toute une journée; l'hiver y dure 8 à 9 mois, et il y a tout près de l'hospice des places où la neige ne fond jamais. Une trentaine de chevaux ou mulets sont constamment occupés, pendant 3 ou 4 mois de l'année, à aller chercher du bois dans les forêts situées à 4-6 lieues du couvent. On dit qu'il y passe toutes les années 7 à 8.000 personnes.

Environs du Saint-Bernard. — Parmi les objets les plus curieux en lithologie qu'offrent les environs du Saint-Bernard, est un grand rocher d'une pierre très-dure, dont la surface exposée à l'air a reçu un poli vif des mains de la nature. Ce rocher est dans les montagnes qui dominent le couvent du côté de l'ouest.

Pour y aller, on prend la route d'Italie, on passe au *Plan de Jupiter*, où l'on croit que les Romains avaient un hospice. On descend de là entre les rochers de différentes espèces.

On descend encore pour aller à la Vacherie, mais

avant d'y arriver on tire sur la droite et on monte sur un col élevé, qui porte le nom de *Col entre les deux fenêtres.*

Au pied de la cime la plus élevée de ce col, on trouve une mine de fer spéculaire.

Cette cime est dominée par une autre beaucoup plus élevée, qui se nomme la *Pointe du Drome.*

De là on passe auprès d'un petit lac, dont l'eau mêlée de neige a une teinte verte demi-transparente.

En suivant toujours la même direction on arrive à ce singulier rocher poli, qui forme la crête même de cette petite chaîne. Sa surface supérieure descend à l'est, sous un angle de 45 degrés ; c'est cette surface qui est polie et d'un poli si vif que l'on s'y voit comme dans un miroir.

De Martigny à la cité d'Aoste, 15 h. environ.

De Martigny à		Etrouble,	20 m.
St.-Pierre	5 h. 40 m.	La Cluse,	1 h. 15 m.
Hospice,	2 h. 30 m.	Pignaud,	45 m.
Vacherie,	45 m.	Signays,	1 h.
St.-Remy,	1 h. 15 m.	La Cité,	30 m.
St.-Oyen,	50 m.		

A la *Vacherie*, belles prairies : à *St.-Remy*, remarquez sur la route les balaiemens des avalanches : la forêt défend le village contre leur furie. *Étrouble*, est un grand village ; on passe devant une petite chapelle dédiée à *St.-Pantaléon.*

Aoste, Aouste (la Cité d'), *Augusta Prætoria*, ville de la vallée du même nom, en *Piémont* sur la *Doire*, au midi du grand *Saint-Bernard*, à 1,818 pieds au dessus de la mer.

Particularités. — La Cité d'Aoste offre plusieurs *antiquités romaines*, telles qu'un pont de marbre, caché en plus grande partie sous des maisons, un arc de triomphe et les restes d'un amphithéâtre. En avant de *Donas* on remarque une chaussée de 12 pieds de largeur sur 30 à 40 pieds de hauteur, percée dans le roc vif en manière de voûte; on y voyait aussi autrefois une colonne milliaire taillée en relief dans le rocher, et sur laquelle était inscrit le chiffre XXX. Le vulgaire attribue cet ouvrage à Annibal, et les antiquaires à César ou à Auguste. Cependant il paraît qu'il est d'un temps bien plus ancien, quoique construit par les Romains. — A 3 lieues de St.-Marcel on rencontre un ruisseau dont les eaux sont teintes du plus beau bleu par la solution du cuivre qu'elles contiennent. — *Mont-Jovet* et *Chambave* sont connus par leurs excellens vins, qu'on peut comparer aux meilleurs de la France et de l'Espagne.

Minéralogie. — Le territoire du val d'Aoste est très-riche en diverses espèces de minéraux. Il y a entre *Courmayeur* et la *Cité d'Aoste*, en deux endroits différens, des bancs de mine de *plomb qui contient de l'argent.*

Faits géologiques. — Toutes les montagnes du val d'Aoste et des vallées latérales qui y aboutissent sont du plus grand intérêt pour le géologue; elles n'ont point encore été suffisamment étudiées.

Bernard (le petit St.-), montagne du Piémont, située entre le val d'Aoste et la Tarantaise, dans les Alpes grecques : c'est le passage le plus commode qu'il y ait dans toute la chaîne des Alpes. Sur le sommet du col est un hospice desservi par deux prêtres de la Tarantaise; son élévation est de 6,750 p. au-dessus de la mer. De l'hospice on va en 13 h. à la Cité d'Aoste, il n'y a que 2 l. de descente entre le col et la *Salle*, où l'on arrive au bout de 8 h. de marche; du côté de la Tarantaise, par *St.-Germain* et *Villars-dessous* à *Scez*, 3 l. De là, en suivant l'Isère à *Moutiers* et à *Grenoble*, en *Dauphiné*; de *Scez*, le long de la *Versoy*, par *Bonpyal*, *Glinettes* et *Crêt à Chapiu*, 4 l., au pied du *Bon-Homme*.

FIN.

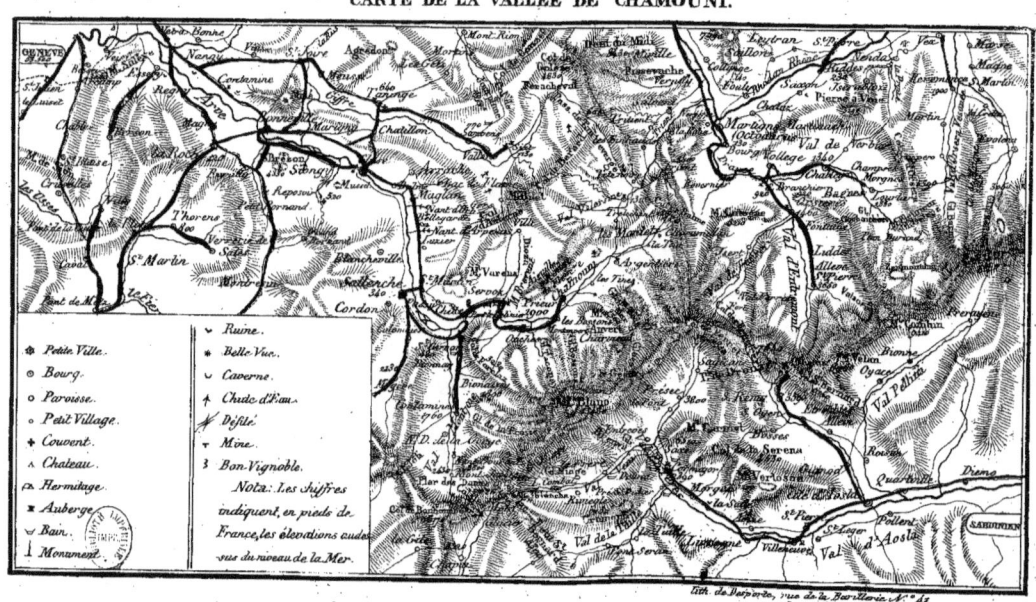

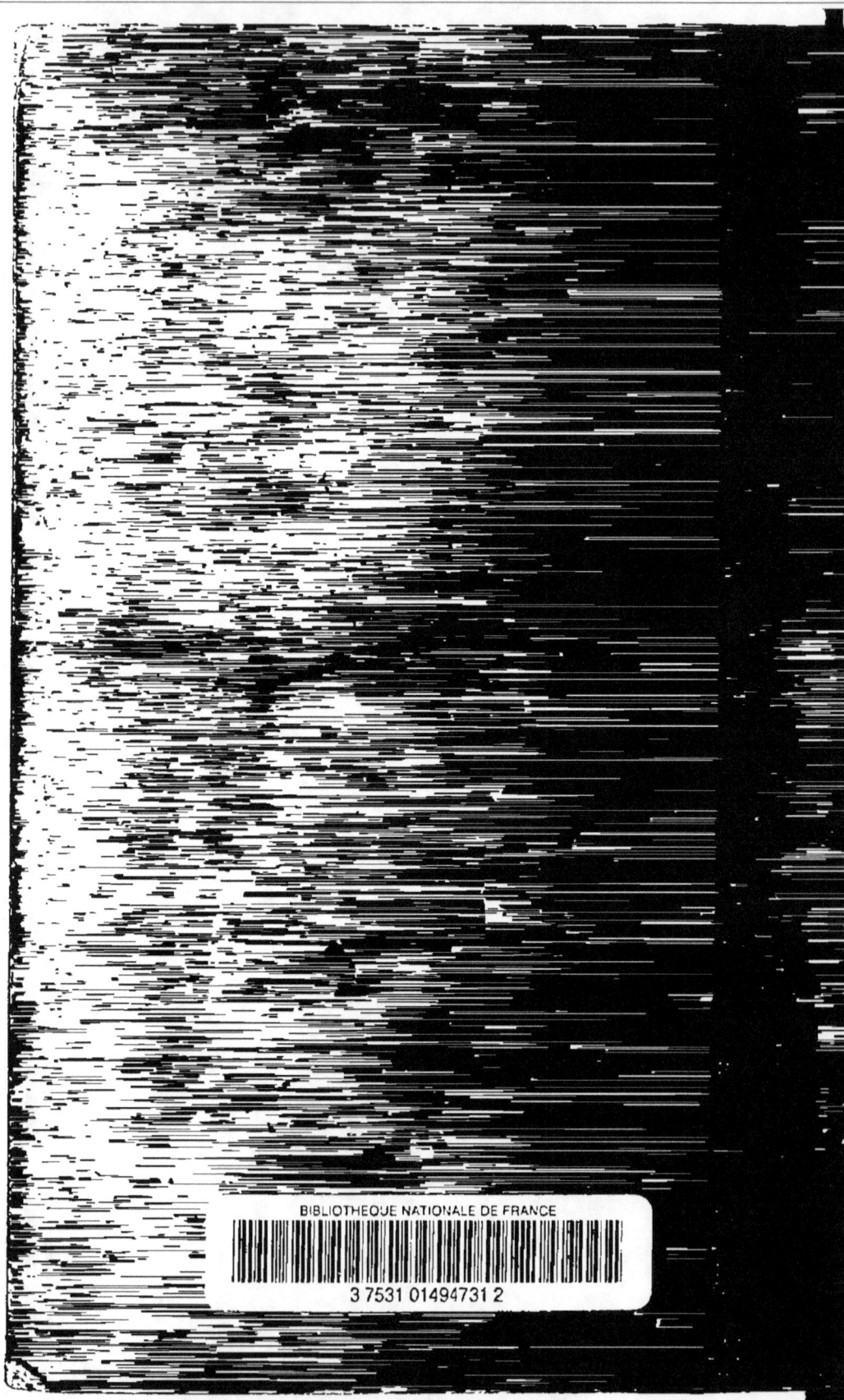